# L'ANNIVERSAIRE DE CET IDIOT DE VALENTIN

## L'auteur

Barbara Park naît en 1947 dans le New Jersey, aux États-Unis. Aujourd'hui, elle vit en Arizona avec son mari. Elle ne s'est mise à écrire que vers l'âge de trente ans, mais elle a déjà reçu plus de 40 récompenses pour ses livres.

# Suzie la chipie

Barbara PARK

# L'anniversaire de cet idiot de Valentin

*Traduit de l'anglais par Sophie Dieuaide*

*Illustrations de Corinne Bongrand*

POCKET
jeunesse

Titre original :
*Junie B. Jones and that Meanie Jim's Birthday*

Publié pour la première fois en 1996
par Random House, Inc., New York,
et simultanément au Canada
par Random House of Canada Limited, Toronto.

Loi n° 49-956 du 16 juillet 1949 sur les publications
destinées à la jeunesse : octobre 2004.



ISBN 2-266-11925-7

# 1

## Un bon gros gâteau !

Je m'appelle Suzie-B. Joly. Le B, c'est la première lettre de Béatrice. Je n'aime pas ce prénom-là, mais le B tout seul, j'adore !

Moi, je vais à l'école maternelle.

Et, aujourd'hui, à mon école maternelle, il s'est passé quelque chose de vraiment super !

Paul Préville a eu six ans ! Et sa mère a apporté un gâteau au chocolat et une glace au chocolat et du lait

au chocolat dans ma classe numéro neuf !

Elle est folle de chocolat, je pense.

La fête était super chouette !

Sauf pour Paul qui était très énervé. Il a même mis du gâteau sur sa tête. Et il a rigolé jusqu'à ce que son lait lui sorte par les trous de nez !

— C'est du lait de nez ! ai-je expliqué à ma meilleure copine préférée, Lucille.

Ma meilleure copine préférée, Lucille, est une vraie petite demoiselle, elle ! Elle a dit :

— Ooooh... J'aurais mieux aimé ne pas voir ça ! Parce que maintenant mon estomac est tout retourné... Et je ne peux plus manger le reste de mon gâteau !

— Pareil pour moi ! lui ai-je répondu. Maintenant... je ne peux pas finir le mien non plus... Je vais les jeter à la poubelle !

Puis j'ai pris nos parts. Et je me suis précipitée vers la poubelle.

J'ai bien regardé partout autour de moi.

Et j'ai vite plongé derrière la poubelle.

Alors j'ai enfoncé les deux gros morceaux de gâteau direct dans ma bouche !

J'ai frotté mon ventre, j'étais très contente. Et je me suis dit :

— Maintenant, j'ai besoin d'un bon petit coup de lait pour faire passer ça, moi !

C'est là que j'ai vu une bouteille posée au bord d'une table. Toute seule.

Je l'ai soulevée. Et j'ai tout bu sans m'arrêter !

— Miam de miam ! ai-je chuchoté. Pile ce qu'il me fallait !

Juste à ce moment-là, j'ai entendu une voix.

— Suzie-B. Joly ? On peut savoir pourquoi tu as quitté ta chaise ?

C'était ma maîtresse.

Moi, je l'appelle Madame.

Elle a aussi un autre nom, mais je ne m'en souviens jamais. Et puis, j'aime bien dire Madame tout court.

Madame a des yeux de lynx.

— Suzie-B., que fais-tu là-bas ? m'a-t-elle redemandé.

— Euh... Je suis en train de partager du gâteau et du lait avec d'autres enfants... Sauf que... euh... ils ne sont pas là !

Madame a levé ses yeux très haut vers le plafond.

Je lui ai souri très, très gentiment.

— Devinez quoi, Madame ? Quand je ferai *ma* fête d'anniversaire à moi, j'apporterai aussi du gâteau et du lait ! Eh ! Je pourrais aussi amener des saucisses et des frites ? Ça, ça nous changerait de d'habitude !

Après ça, j'ai félicité la maman de Paul :

— Délicieux, votre gâteau, madame Préville ! Mes compliments au *chef* !

Puis, elle et moi, on a topé. Sauf qu'elle n'a pas levé sa main. Alors, je lui ai un peu tapé le bras.

Après ça, j'ai sautillé jusqu'à ma chaise.

Lucille finissait sa glace.

Elle avait une grande moustache en chocolat sur la lèvre.

J'ai froncé les sourcils !

— Ça ne va pas du tout, ça, Lucille ! l'ai-je grondée. Tu ne manges pas ta glace comme une petite demoiselle ! Je vais te montrer comment on fait, moi !

Alors, j'ai plongé ma cuillère dans sa glace.

— Tu vois ? lui ai-je dit. Tu vois comme je prends dé-li-ca-te-ment des bouchées de ce truc ?

Mais, juste à ce moment, un petit morceau de glace au chocolat est tombé de ma cuillère. Et il a atterri sur les genoux de Lucille.

Elle s'est levée d'un bond.

— OH NOOON ! a-t-elle braillé. REGARDE CE QUE TU AS FAIT ! Tu as mis de la glace sur ma robe neuve ! Ma marraine me l'a achetée à Paris ! Elle coûte plein d'euros !

Madame est arrivée en courant avec une éponge.

— Oh non ! Pas avec de l'eau ! Elle est en satin, ma robe ! Et le satin, ça ne va qu'au nettoyage à sec ! s'est exclamée Lucille.

Madame m'a dévisagée avec des yeux fâchés.

Gloups !

— Je ne pouvais pas le savoir... ai-je dit tout bas.

Et j'ai posé ma tête sur ma table.

Et je l'ai recouverte avec mes mains.

Parce que cela s'appelle *se faire toute petite*.

Et *se faire toute petite*, c'est ce que tu fais si tu sais ce qui est bien pour toi.

# 2

## Tapoter la tête de Valentin...

Après la fête, moi et mon autre meilleure copine préférée, on a pris le car de l'école pour rentrer à la maison.

Elle s'appelle Chloé.

Moi et cette Chloé-là, chacune à notre tour, nous nous asseyons à côté de la fenêtre.

Sauf quand on oublie à qui c'est le tour.

Alors, on est un peu obligées de se battre pour avoir la bonne place.

Ce jour-là, c'était le tour de Chloé de s'asseoir là.

— Tu sais quoi ? lui ai-je demandé. Aujourd'hui, je m'en fiche que tu t'assoies près de la fenêtre. Parce que manger tout ce gâteau, ça m'a mise de bonne humeur, moi !

Cette Chloé-là a souri.

— Moi aussi ! m'a-t-elle répondu. Moi aussi, ce gâteau m'a mise de bonne humeur !

— Oui... mais tu ne peux pas être aussi contente que moi, lui ai-je expliqué. Parce que j'en ai mangé deux parts, et toi, une seule !

Elle a froncé les sourcils.

— Allez ! lui ai-je dit. Ne te fâche pas ! Quand je fêterai mon anniversaire, je t'inviterai chez moi à manger mon gâteau. Et tu pourras en avoir deux fois !

— Chouette ! s'est-elle écriée.

— Je le sais que c'est chouette ! Et même que tu auras un gobelet en papier pour toi toute seule avec des M&Ms dedans !

— Oh ! Super ! J'*adore* les M&Ms ! a dit cette Chloé-là.

— Moi aussi, je les adore ! Parce que le chocolat ne fond pas sur les doigts ! Y a que la couleur qui fond, et c'est tout !

Je lui ai fait un grand sourire.

— Et il y a une *autre* chose géniale, Chloé ! Quand tu viendras à ma fête,

tu auras aussi un chapeau de fête rien qu'à toi ! On jouera à des jeux... On jouera à celui où on crie « Loto » ! Le problème, c'est que je ne me rappelle jamais comment il s'appelle...

À ce moment-là, un garçon idiot qui s'appelle Valentin a sauté de son siège.

— LOTO ! Pauvre nouille ! m'a-t-il crié. Ton jeu s'appelle LOTO ! Quelle PATATE ! Personne ne voudra jamais aller à un anniversaire aussi nul ! Personne !

Il a crié vraiment très fort. Alors, tous les enfants du car l'ont entendu

— *Moi*, je fais toujours des anniversaires trop cool, a-t-il continué. Comme l'année dernière ! Ma fête s'appelait *Vive le cirque !* Et même que deux vrais clowns sont venus ! Et même qu'ils savaient fabriquer des animaux en ballons et faire des tours de magie !

Je me suis penchée tout près de sa figure.

— Et alors ? lui ai-je dit. *Je ne les aime pas*, moi, les clowns ! Les clowns, ils sont bizarres ! Et, en plus, mon papy Jean, il sait super bien les faire, les animaux en ballons ! Sauf qu'ils ressemblent tous à des chiens-saucisses. Mais il s'entraîne, mon papy ! Et bientôt, il saura tous les faire !

Ce Valentin ne m'écoutait même pas. Il continuait de parler de ses anniversaires.

— *Cette* année, ma fête va s'appeler *La Ferme du Vieux McDonald* ! Et un vrai fermier va amener des animaux dans le jardin de ma maison… Un agneau… et une chèvre, et un âne, et des lapins… et aussi un vrai poney pour qu'on monte dessus !

J'ai mis les poings sur mes hanches.

— Ah oui ? lui ai-je répondu. Eh bien, c'est trop dommage pour toi,

Valentin ! Parce que j'ai vu un reportage sur les poneys à la télé ! Et les poneys, ça s'énerve ! Ça fait des ruades terribles avec les pattes arrière ! Tu tombes par terre et ils t'écrabouillent ! Et ils te tuent jusqu'à ce que tu sois super mort ! Alors, moi, jamais de ma vie j'irai à une nullité de fête pareille !

— Je suis content ! a braillé ce Valentin. Parce que ma fête, c'est samedi ! Demain, j'apporterai des invitations pour tous les enfants de la classe numéro neuf... sauf toi ! Hé ! Tu seras la *seule* de toute la classe pas invitée ! Et toc !

Il a fait un gros « Na ! » pile sous mon nez.

Et il s'est rassis sur son siège.

Moi, je suis restée debout assez longtemps.

Parce que quelque chose venait de mal se passer pour moi, je suppose.

J'ai tapoté la tête de Valentin.

— Oui… lui ai-je dit. Mais, moi, je ne savais pas que tu allais faire ta fête samedi. Et… euh… excellente nouvelle ! En plus, je pense que je peux venir !

— Pas question ! a crié ce débile. Tu ne viendras pas ! Et maintenant laisse-moi tranquille !

J'ai encore tapoté sa tête et j'ai dit :

— Oui… mais c'était une blague, pour les poneys ! Ils ne vont peut-être pas t'écrabouiller si facilement que ça…

— Je m'en fiche ! Arrête de m'embêter !

Je me suis redressée sur la pointe des pieds et j'ai regardé ses cheveux.

— Oh ! J'adore tes cheveux aujourd'hui…

Ce Valentin m'a repoussée d'un coup !

— File de là ! m'a-t-il crié. Tu viendras pas à ma fête, point final !

Alors, ma gorge s'est serrée. La gorge qui se serre, c'est ce qui t'arrive juste avant que tu pleures.

Et je me suis assise. Et j'ai caché ma figure dans mon pull.

— Zut, ai-je dit tout bas. Je crois que je me serais drôlement bien amusée à cette fête-là, moi !

Alors, ma meilleure copine préférée qui s'appelle Chloé a mis son bras autour de moi.

Elle m'a tapoté gentiment l'épaule.

Et elle m'a laissée m'asseoir à côté de la fenêtre.

# 3

## Très déprimée...

De l'arrêt du car jusqu'à la maison, j'étais très déprimée.

Très déprimée, c'est quand tes épaules sont basses. Et que ta tête ne peut pas tenir bien droite dessus.

Mamie Louise était dans la chambre du bébé.

Elle nous garde l'après-midi, moi et mon frère.

Il s'appelle Hugo.

Je l'aime vraiment beaucoup. Sauf que je préférerais qu'il n'habite pas chez nous.

Mamie Louise le berçait dans le fauteuil à bascule.

J'ai essayé de grimper dessus aussi. Mais mamie m'a dit :

— Arrête, Suzie-B. ! Calme-toi ! Ça bouge trop !

— Oui... mais j'ai besoin de me balancer très fort, moi... À cause de cette andouille de Valentin ! Il fête son anniversaire samedi et il invite toute la classe numéro neuf, sauf moi ! Je suis la *seule* personne qui ne va pas y aller !

Mamie Louise a eu l'air triste.

— Les enfants peuvent être tellement cruels ! a-t-elle dit. Attends seulement que le bébé s'endorme, Suzie-B. Ensuite, toi et moi, on en parlera, d'accord ?

C'est pour ça que j'ai croisé mes bras.

Et que j'ai tapé du pied.

Alors, j'ai attendu et attendu que le bébé s'endorme. Seulement ses yeux continuaient à rester grands ouverts.

— Ferme-lui les yeux avec tes doigts, mamie ! ai-je dit.

— Doux Jésus, non ! a-t-elle refusé.

Et elle a continué de le bercer.

Et puis, j'en ai eu assez d'attendre. Je suis allée dans ma chambre. Et je me suis enfouie sous mes couvertures.

Jusqu'au bout du bout de mes draps.

Les draps, ça empêche tous les bruits de passer.

Tu peux dire plein de trucs pas trop bien.

Et personne ne peut t'entendre.

— Voici toutes les choses que je déteste ! ai-je commencé. En premier, je déteste ce minable de Valentin ! Et je déteste les clowns ! Et le vieux fermier McDonald ! Et même que je déteste les lapins ! Et les ânes ! Et les poneys ! Et devinez quoi ? ai-je dit aussi. On n'avait vraiment pas besoin d'un bébé dans cette maison ! Mais personne ne m'a demandé mon avis !

Soudain j'ai entendu frapper à la porte de ma chambre.

— Suzie-B. ? C'est mamie, ma chérie… Hugo a fini par s'endormir.

Elle est entrée et elle a soulevé mes couvertures.

— J'ai appelé ta maman et je lui ai raconté ce qui s'est passé à l'école, m'a-t-elle expliqué.

Je l'ai regardée par-dessous.

— Et elle a tout arrangé ? ai-je demandé. Je peux aller à l'anniversaire, maintenant ?

Mamie Louise a tendu ses bras vers moi.

Elle a dégagé mon drap.

— Ta maman te parlera de tout ça dès qu'elle rentrera à la maison, m'a-t-elle répondu. En attendant, pourquoi ne t'amuserais-tu pas un peu ? Et si on lisait un livre ? D'accord ? Quel genre d'histoire voudrais-tu ?

J'ai réfléchi très fort.

— L'histoire d'une petite fille qui n'est pas invitée à l'anniversaire d'un garçon très bête. Elle entre en douce chez lui. Et elle ouvre l'enclos de son poney sauvage. Et le poney piétine le garçon jusqu'à ce qu'il devienne plat comme une crêpe. Et tous les enfants mettent de la confiture de fraises sur le garçon. Et ils le dévorent pour le goûter !

Mamie Louise m'a regardée d'un air un peu choqué.

— Tu dois cesser de t'inquiéter à propos de la fête de ce garçon, m'a-t-elle dit. Il veut juste te faire monter sur tes grands chevaux !

— Chevaux ? Quels chevaux, mamie ? Je vais avoir un cheval ? Un cheval-surprise ? C'est ça, hein ? Où tu l'as laissé, dis, mamie ? Où ? Où ça ?

J'ai sauté en l'air et j'ai attrapé ses mains.

— On va chercher mon cheval ? Tu veux, mamie ? Allons-y ! Allons chercher mon cheval tout de suite !

Puis j'ai eu une super idée dans ma tête.

— Eh ! je viens de penser à quelque chose de génial, mamie ! Toi et moi, on va chercher mon cheval et on le ramène à la maison ! Et, samedi, moi, je pourrai faire ma fête d'anniversaire ! Ma fête à moi ! Ma fête, elle s'appellera... euh... « VIENS ET CARESSE MON CHEVAL ! ». Et tous les enfants de la classe numéro neuf viendront et ils n'iront pas à l'anniversaire de cette andouille de Valentin ! Voilà !

Tout à coup, j'ai entendu la porte de l'entrée s'ouvrir.

C'était maman.

J'ai foncé vers elle.

— Maman ! Maman ! Devine quoi ? Devine quoi ? Moi et mamie Louise, on va chercher mon cheval ! Et je vais fêter mon anniversaire samedi ! Et toute ma classe numéro neuf sera invitée ! Sauf le Valentin que je déteste ! Il sera le *seul* qui ne viendra pas ! Bien fait pour lui !

À ce moment, mamie Louise est sortie de la maison en enfilant son pull.

Et je me suis jetée dans les bras de maman.

— Allez, viens, maman ! Viens ! ai-je crié. Il faut qu'on achète les cartes d'invitation ! Et même des saucisses et des frites !

Mais maman n'est pas venue.

Elle s'est assise sur le canapé du salon.

— Écoute-moi, Suzie-B., m'a-t-elle dit. Je sais que Valentin n'a pas été très gentil avec toi aujourd'hui... Mais tu ne peux pas fêter ton anniversaire samedi. Tu es née en juin... Tu te souviens ? Et juin... c'est dans plusieurs mois !

— Je sais que juin, c'est dans plusieurs mois ! ai-je répondu. C'est pour ça qu'il faut fêter plus tôt mon anniversaire ! Parce que plusieurs mois, c'est dans trop longtemps !

Ma maman m'a attrapée et elle m'a installée sur ses genoux.

— J'ai peur que tu n'aies pas bien compris, ma chérie, a-t-elle dit.

Tu ne peux pas *changer* le jour de ta naissance. Personne ne le peut. C'est im-pos-sible !

J'ai pris une toute petite voix, minuscule comme un murmure.

— Oui... alors ça sera un secret... Personne dans ma classe numéro neuf ne connaît ma date d'anniversaire... C'est pour ça qu'on peut l'avancer!

Maman a souri un peu. Elle a décoiffé mes cheveux.

— Désolée, ma puce... Ce n'est pas possible!

— Si! ai-je crié. Si, c'est possible! Parce que *j'aurai* mon anniversaire samedi! Parce que, sinon, je serai la *seule personne* à ne pas aller chez cet idiot de Valentin! Et ça, c'est l'histoire la plus triste que j'aie jamais entendue!

Alors, des larmes sont venues dans mes yeux.

Maman m'a essuyé la figure avec un mouchoir.

Et elle m'a serrée très fort.

Et elle a dit les mots : *Je suis désolée.*

Et vous savez quoi ?

Une encore plus mauvaise nouvelle !

Mamie Louise a téléphoné.

Y a pas de cheval.

# 4

## Déménager !

Le lendemain matin, je ne suis pas sortie de mon lit. Même quand maman a crié que c'était l'heure du petit déjeuner.

Elle est venue dans ma chambre.

— Tu ne m'as pas entendue, Suzie-B. ? C'est l'heure du petit déjeuner…

J'ai un petit peu soulevé ma tête de mon oreiller.

— Oui… mais je n'ai même pas faim, lui ai-je répondu. En plus, moi, c'est aujourd'hui que je déménage !

Maman a souri.

Elle s'est assise au bord de mon lit.

— Aaaah… tu déménages ? m'a-t-elle demandé. Et où vas-tu, exactement ?

J'ai haussé les épaules.

— Quelque part…

— Et où ça… quelque part ?

— Quelque part qui n'est pas ici, c'est là-bas ! lui ai-je dit.

Maman m'a prise dans ses bras.

— C'est encore à cause de l'anniversaire de Valentin, n'est-ce pas ? m'a-t-elle dit doucement. Tu es toujours triste de ne pas être invitée ?

— Non ! Je m'en fiche parce que, moi, je ne vais même plus aller à mon école maternelle ! Parce que, moi, aujourd'hui, je déménage !

Maman a secoué la tête. Puis elle est sortie de ma chambre. Et je l'ai entendue chuchoter des choses avec papa dans le couloir.

Presque aussitôt, mon père est entré.

Il m'a portée sur ses épaules jusque dans la cuisine.

Et ensuite, maman m'a préparé mes céréales préférées.

Et elle m'a laissée rajouter autant de sucre que je voulais.

Elle s'est assise à côté de moi.

— Tu sais, ma Suzie-B., Valentin agit de cette façon pour te blesser, il veut te provoquer ! C'est aussi simple que ça !

— C'est sûr ! a ajouté papa. Et tu n'as qu'une seule chose à faire dans ce cas-là…

— Faire comme si tu t'en moquais ! a continué maman. Tu dois lui dire que tu n'as *jamais* voulu assister à sa fête ! Ça enlèvera à Valentin tout le plaisir de te refuser une invitation...

Papa m'a lancé un clin d'œil.

— Tu peux lui faire croire ça, non ? Tu es la meilleure petite comédienne du *monde* !

Soudain, toute ma figure s'est éclairée. Parce que le mot *monde* de papa m'avait donné une super idée !

— Eh ! ai-je crié. Je sais où je peux déménager ! Cela s'appelle *Le Petit Monde* ! Vous vous souvenez, à Eurodisney ? Siii... C'est là que les marionnettes continuaient de chanter encore et encore la même chanson !

J'ai souri.

— Ça doit être un chouette endroit pour habiter, hein ?

Papa m'a regardée assez longtemps.

Puis il a posé la tête sur la table. Et il a commencé à la cogner avec son front.

Maman l'a obligé à se relever.

Ils sont allés dans le couloir. Et là, ils ont recommencé à chuchoter.

Après un long moment, maman m'a appelée :

— Suzie-B. ? Pourrais-tu prendre le téléphone, s'il te plaît ? C'est ton grand-père ! Il veut te parler une minute…

J'ai pris le téléphone.

— Allôôô… ?

— Bonjour à toi, petite fille ! m'a dit mon papy Jean. Quoi de neuf, ce matin ?

— Ce matin… je déménage !

Papy n'a pas eu l'air content.

— Tu déménages ? a-t-il grogné. Oh non ! Tu ne *peux* pas déménager !

Si tu déménages, tu ne pourras pas venir chez moi samedi !

J'ai froncé les sourcils.

Parce que c'était un peu bizarre comme conversation. C'est pour ça !

— Oui… mais pourquoi tu veux que j'aille chez toi samedi ? lui ai-je demandé.

— Parce que le samedi, c'est mon jour de bricolage, tu te souviens ? m'a-t-il répondu. Et tu es toujours ma petite assistante, n'est-ce pas ?

J'ai bien réfléchi dans ma tête.

— Oui.

Parce que, des fois, j'aide mon papy à faire des choses. Cela s'appelle des bricoles, je crois.

— Tu vas faire des bricoles ? lui

ai-je demandé. C'est pour ça que tu veux que je vienne ?

— Bien sûr ! a dit papy. Mais je ne peux pas les faire sans assistante, n'est-ce pas ? C'est toi qui portes ma ceinture à outils, oui ou non ?

J'ai souri, vraiment très fière. Parce que la ceinture à outils de papy Jean, c'est ce que je préfère au monde ! Il y a mille millions d'outils accrochés autour. Elle fait deux fois le tour de ma taille et je la porte quand même !

Soudain, papy Jean a dit d'une voix très calme :

— Tu n'as pas encore entendu le plus important, ma Suzie-B. Devine ce que nous allons réparer.

J'ai murmuré ma réponse :

— Quoi ?

Alors, mon papy m'a dit d'attendre une minute. Parce qu'il devait fermer la porte. Ou sinon, mamie Louise allait tout entendre.

— Si ta mamie m'entend, elle va absolument vouloir être mon assistante ! m'a-t-il expliqué. À TA place !

J'ai attendu avec beaucoup de patience.

— Prête ? m'a-t-il demandé.

— Prête !

— OK ! Samedi… on va réparer les… les toilettes du premier étage !

Tout d'un coup, ma bouche s'est ouverte toute grande.

Parce que réparer les cabinets du premier étage, c'était chouette comme un rêve qui se réalise ! Voilà pourquoi !

— Tu vas enlever le couvercle de la chasse d'eau, papy ? ai-je dit. Et tu vas tirer et tirer encore la chasse d'eau pour faire couler toute l'eau de ce truc ?

— Bien sûr que je vais le faire ! s'est exclamé papy. C'est la moitié du plaisir de réparer des toilettes ! Pas vrai ?

— Vrai ! ai-je crié parce que j'étais très énervée. Vrai de vrai ! En plus, j'adore la grosse boule qui flotte dans la chasse d'eau !

— Moi aussi ! a dit mon papy. Moi aussi, je l'adore ! Alors, Suzie-B., je peux compter sur toi, n'est-ce pas ?

Nous avons rendez-vous samedi? D'accord?

J'ai encore plus réfléchi.

— Oui... mais je pense que tu as oublié quelque chose, papy...

— Quoi? Qu'est-ce que j'ai oublié, petite fille?

J'ai haussé mes sourcils parce qu'il oublie toujours tout!

— Tu as oublié... que je déménage aujourd'hui, papy Jean!

# 5

## Bzzz… Bzzz…

D'habitude, mamie Louise et papy Jean viennent me garder avant le déjeuner. Puis ils m'habillent pour l'école maternelle.

Sauf qu'aujourd'hui, maman est revenue de son travail. Et qu'elle m'a habillée à leur place.

Elle a dit qu'elle voulait me conduire à l'école.

— Si je te conduis, tu n'auras pas à voir Valentin dans le car ! a-t-elle dit, très maligne.

Elle a choisi mes vêtements pour l'école.

C'était ma robe avec des grenouilles vertes dessus.

— Oui… mais devine quoi ? lui ai-je dit. Aujourd'hui, je ne peux même pas mettre des habits d'école ! Parce que, aujourd'hui, je déménage ! Alors, je dois mettre des habits de déménageur !

Maman a quand même essayé de m'enfiler ma robe.

C'est pour ça que j'ai fait mes bras et mes jambes tout raides. Comme ça, ça devenait difficile !

Alors, maman et moi, on s'est un peu battues. Et puis, elle m'a mis mon collant.

— Tu ne déménages pas, Suzie-B. ! m'a-t-elle dit. Tu vas à l'école ! Ce n'est pas en courant à toutes jambes devant tes problèmes que tu vas les résoudre !

— Oui… mais je ne vais même pas courir à toutes jambes ! Je vais appeler *Locar, location de voitures* ! Et, eux, ils vont me conduire !

Maman a souri. Elle a voulu me serrer dans ses bras. Mais j'étais trop raide.

Je suis restée très raide dans la voiture. Pendant tout le trajet jusqu'à mon école.

Maman a garé la voiture dans le parking.

Puis elle m'a sortie par la portière. Et elle m'a portée encore très raide dans la cour de la maternelle.

Elle m'a déposée debout dans l'herbe.

— Tout va bien se passer ! Tu verras… m'a-t-elle dit. Souviens-toi

seulement de ce que nous t'avons expliqué, papa et moi ! Si quelqu'un te parle de la fête, fais comme si cela ne t'intéressait pas !

Et pour me dire au revoir, elle m'a embrassée sur ma tête toute raide.

Juste après, j'ai entendu des voix qui me criaient :

— SUZIE-B. ! Hé ! SUZIE-B. ! Regarde ! Regarde un peu ce qu'on a !

Je me suis retournée.

C'étaient mes deux meilleures copines préférées, Lucille et cette Chloé-là. Elles couraient vers moi.

— Regarde ! a répété Lucille. Regarde ce que Valentin nous a donné ! Les invitations pour son anniversaire !

— C'est comme il nous l'avait dit, Suzie-B. ! a ajouté cette Chloé. Il va vraiment y avoir une ferme miniature !

J'ai vite bouché mes oreilles avec mes mains.

Et puis, j'ai fermé mes yeux. Et j'ai chanté une chanson à tue-tête.

Ma chanson s'appelle « Je Ne Veux Pas Vous Entendre ! Vous Ne M'Intéressez Même Pas ! ».

Je l'ai chantée le plus fort que je pouvais !

JE NE VEUX PAS VOUS ENTENDRE !
JE NE VEUX PAS VOUS ENTEEEENDRE !
VOUS NE M'INTÉRESSEZ MÊME PAAAS !

Et puis, j'ai continué à chanter cette chanson encore et encore jusqu'à ce que mes copines disparaissent !

Elles m'ont fait le signe que j'étais toc toc.

Et je me suis assise dans l'herbe.

Beaucoup d'enfants avaient des invitations, eux aussi.

— Zut, ai-je murmuré pour moi. Zut de zut et rezut !

Et après ça, j'ai vu cet imbécile de Valentin.

Il était en train de donner son invitation à un garçon trop pleurnichard qui s'appelle Guillaume.

Ce pleurnichard de Guillaume, c'est le plus trouillard de toute ma classe numéro neuf.

Il aurait même peur d'un papillon, je pense.

Tout d'un coup, je me suis assise bien droite.

Parce que je venais d'avoir une nouvelle idée dans ma tête, c'est pour ça.

Elle s'appelait : « Eh ! Peut-être que je peux prendre son invitation à

Guillaume ? Parce qu'il ne se défendra pas ! Et comme ça, j'aurai mon invitation à moi. Et Valentin en donnera une autre à ce pleurnichard. Et comme ça, *tout le monde* ira à la fête ! Même moi ! »

Je me suis levée d'un bond.

Puis j'ai fixé mes yeux sur Guillaume. Et j'ai commencé à courir vers lui.

D'abord, j'ai couru au ralenti, et puis, j'ai couru de plus en plus vite. À la fin, je fonçais comme une abeille super rapide !

Bzzzzz... Je tournais autour de Guillaume à toute vitesse ! Bzzz... Bzzzz...

Ses yeux ne pouvaient même pas me suivre.

À la fin, je me suis arrêtée pile devant sa figure. Bzzz… Et j'ai vite pris l'invitation de ses mains.

J'ai foncé vers la balançoire !

Et devinez quoi ?

Guillaume ne m'a même pas suivie ! Voilà !

Et il y a eu une autre grande nouvelle ! L'invitation de Guillaume n'avait même pas de nom écrit dessus ! Ça voulait dire qu'elle pouvait être à n'importe qui, cette carte !

— Seulement, maintenant, c'est la mienne ! ai-je dit rien que pour moi. Parce que je vais écrire *Suzie-B. Joly* dessus quand je serai dans ma classe numéro neuf ! Et ça sera MON invitation à MOI !

Juste à ce moment-là, la cloche a sonné.

J'ai mis mon invitation dans ma grande poche. Et j'ai sautillé très joyeuse vers la classe.

Madame attendait devant la porte.

Et Guillaume aussi.

Son nez reniflait vraiment beaucoup.

J'ai essayé de passer devant eux. Mais Madame m'a attrapée par ma robe à grenouilles.

Elle m'a tirée en arrière.

— Oui… mais holà ! lui ai-je dit. Je ne pense pas que c'est bon pour ma robe, ça !

Madame a froncé les sourcils.

— Suzie-B., as-tu pris quelque chose qui appartenait à Guillaume ? m'a-t-elle demandé.

— Non ! ai-je répondu. Parce que son nom n'était même pas dessus ! Alors, ça veut dire que c'est à n'importe qui, je pense !

Madame a tapé le sol avec son pied énervé.

— Est-ce que Guillaume *tenait* cette invitation, Suzie-B. ? La lui as-tu arrachée des mains ? Et t'es-tu enfuie avec ?

Je lui ai fait un sourire adorable.

— J'étais une abeille ! lui ai-je expliqué.

Madame a tendu la main vers moi.

— Puis-je avoir l'invitation que tu as prise à Guillaume ?

Je me balançais d'avant en arrière sur mes talons.

Parce que je ne voulais pas la lui donner, c'est pour ça.

— Oui... mais je crois qu'elle est peut-être tombée de ma poche... ai-je dit.

Madame s'est penchée vers moi.

— Je *veux* cette invitation, a-t-elle grondé. *Immédiatement !*

Gloups !

J'ai vite glissé les doigts dans ma poche.

— Oh ! Bonne nouvelle ! ai-je crié. Je l'ai trouvée ! Ça alors !

— Donne-la tout de suite à Guillaume ! m'a ordonné Madame.

Ce pleurnichard a tendu la paume.

Et je lui ai donné l'invitation.

— Tiens, le pleurnichard ! Cafard ! Rapporteur ! La voilà, ton invitation qui pue !

Madame m'a fait des yeux terribles.

— Suzie-B. Joly ! C'en est assez ! Maintenant, va t'asseoir ! Et je ne veux plus t'entendre ! Pas un mot ! Tu as compris, jeune fille ? PAS UN MOT !

Alors, j'ai marché jusqu'à ma chaise.

Et j'ai mis ma tête sur la table.

Et vous savez pourquoi ?

Pour me faire encore toute petite, c'est pour ça !

# 6

## Rêvasser...

Madame a fait l'appel. L'appel, c'est quand on dit : « Présent ! » Sauf que si on n'est pas là, on ne doit pas répondre.

Après ça, on s'est assis. Et Madame nous a dit de sortir nos livres.

Elle nous a dit aussi à quelle page les ouvrir.

Ce jour-là, on avait un travail avec des cercles. Et aussi des carrés. Et même des triangles.

Je suis super forte à ce travail-là, moi !

Mais, là, je n'arrivais vraiment pas à me concentrer. Parce que je continuais à rêvasser à cause de cette fête d'anniversaire.

*Rêvasser*, c'est comme rêver la nuit.

Seulement, ce n'est pas la nuit.

Et on n'est pas endormi.

Et on ne rêve pas.

Je pensais encore à cette fête où tout le monde irait.

Sauf moi.

J'étais la *seule*.

La seule de *toute* ma classe numéro neuf.

J'aurais bien aimé que Lucille et Chloé n'y aillent pas non plus. Je me disais à moi-même que ça serait sympa de leur part.

Après un moment, j'ai tapoté l'épaule de Lucille.

— Tu es ma meilleure des meilleures copines préférées ! lui ai-je dit.

Elle m'a souri.

— Tu es ma meilleure des meilleures copines préférées aussi ! m'a-t-elle répondu.

J'ai touché sa nouvelle robe.

— Et tu es très, très belle aujourd'hui ! ai-je ajouté.

Lucille a fait voler le bas de sa robe.

— Oh ! Merci, Suzie-B. ! Tu es très très belle aujourd'hui aussi !

J'ai touché ses petits ongles avec du vernis dessus.

— J'aimerais bien que, toi et moi, on soit des jumelles ! lui ai-je dit.

— Oh ! Moi aussi ! s'est écriée Lucille. J'aimerais bien que, toi et moi, on soit des jumelles aussi !

Alors, ma figure tout entière est devenue joyeuse.

— Lucille ! Lucille ! Je viens de penser à quelque chose ! Toi et moi, on pourrait dire qu'on est des jumelles ! Et on pourrait faire tout pareil ! Et samedi, tu pourrais venir chez moi, et je mettrais du vernis sur mes ongles, juste comme toi ! Et tu resterais loin de cette fête d'anniversaire ! Comme moi !

Lucille ne m'a pas répondu.

Je lui ai tapoté encore l'épaule.

— Hé, ma jumelle ! lui ai-je dit. Pourquoi est-ce que tu ne me parles plus ? Pourquoi est-ce que tu ne me réponds pas ?

— Parce que je veux aller à cette fête, moi ! C'est tout !

Je lui ai fait un soupir fâché.

— Pffff... Oui, Lucille ! Je sais que tu veux y aller ! Mais maintenant, toi et moi, on est jumelles ! Et les jumelles, ça doit faire tout pareil ! Alors, si *je* ne vais pas à la fête, *tu* ne peux pas y aller non plus ! Parce que c'est comme ça quand on est jumelles !

— Non ! Même pas vrai ! a répondu Lucille. Mes cousins sont jumeaux. Il y en a un qui est un garçon et une qui est une fille. Eh bien, ils ne font jamais rien pareil !

J'ai sauté de ma chaise.

— Oui, mais moi, je ne veux pas être une jumelle de ce genre-là !

Madame a pointé le doigt vers moi.

— Assieds-toi, Suzie-B. ! m'a-t-elle crié.

Et à ce moment-là, le Valentin que je déteste s'est retourné et il a rigolé en me regardant d'un air méchant. Parce que j'avais des ennuis, voilà pourquoi !

— Retourne ta sale tête ! lui ai-je dit.

Mais il ne l'a pas retournée. C'est pour ça que j'ai dû courir à sa table. Et c'est pour ça que j'ai dû lui tourner la tête moi-même.

— SUZIE-B. JOLY ! a crié Madame. Qu'est-ce que tu fais ?

— Je retourne sa sale tête, Madame ! lui ai-je expliqué.

Madame s'est précipitée vers moi.

Et elle a attrapé mon bras. Et elle m'a emmenée dans le couloir.

Elle m'a montré la porte du bureau du directeur.

— Vas-y ! Et plus vite que ça ! m'a-t-elle ordonné, très en colère.

Gloups !

— Oui… mais… je n'ai plus trop le droit d'aller là-bas, moi… Parce que ma maman et moi, on a eu une petite conversation. Et elle m'a dit qu'elle ne voulait plus que j'y aille !

La figure de Madame est devenue rouge comme une tomate.

Elle a commencé à compter.

— Un… Deux…

Et c'est pour ça que je me suis un peu dépêchée de marcher.

Parce qu'une maîtresse qui compte, c'est ce qui me fait le plus peur au monde !

# 7

## Mon histoire d'aujourd'hui...

Le directeur, c'est le chef de mon école maternelle.

Et son bureau, c'est là où il habite.

Et je dois aller là quand je suis désobéissante.

*Désobéissante*, dans mon école, ça veut dire qu'on n'obéit pas trop.

Il y a aussi une secrétaire. Elle n'a pas le droit de sourire.

— Assieds-toi là ! m'a-t-elle dit.

Elle m'a montré une chaise bleue.

— Oui… mais je n'aime pas tellement m'asseoir là… lui ai-je expliqué. Vous vous en souvenez ? Parce que c'est pour les enfants méchants, cette chaise-là. Et je ne suis quand même pas méchante, moi !

Je lui explique ça chaque fois que je vais là-bas !

La secrétaire du directeur s'est penchée vers moi. Elle a pris un air un peu effrayant.

— Assssieds-toiiiii ! a-t-elle répété.

Je me suis assise.

Puis j'ai passé ma robe à grenouilles par-dessus ma tête. Pour que personne ne me voie.

— Remets-ta robe comme il faut ! m'a ordonné la secrétaire.

— Oui… mais j'ai le droit de faire ça ! Parce que j'ai un collant de laine ! Vous le voyez ? Il est vert avec des têtards !

Juste après, j'ai entendu la voix du directeur.

— Tiens, tiens… Suzie-B. Joly ! Quelle surprise ! a-t-il dit.

Ma bouche est restée toute grande ouverte.

— EH ! ai-je crié de dessous ma robe. Comment vous savez que c'est moi ? Vous ne pouvez même pas me voir là-dessous !

— J'ai deviné ! a répondu le directeur.

Après ça, j'ai découvert ma tête. Et lui et moi, on est allés dans son bureau.

Je suis montée sur une grande chaise en bois.

Le directeur semblait assez fatigué. Il a frotté les côtés de son crâne un peu chauve.

— D'accord... Je t'écoute, Suzie-B. Joly... Quelle histoire vas-tu me raconter aujourd'hui ?

Je me suis redressée bien droite sur ma chaise.

— Mon histoire d'aujourd'hui... par moi, Suzie-B. Joly ! Il était une fois que je n'étais pas invitée à l'anniversaire d'un imbécile de garçon. Et j'étais la seule de toute ma classe numéro neuf ! Et c'est pour ça que je devais déménager aujourd'hui. Seulement ma maman m'a amenée quand même à l'école, même si j'étais toute raide. Et après, j'étais une abeille super rapide. Mais ce pleurnichard de Guillaume est un rapporteur. Et Lucille n'a pas voulu être une vraie jumelle. Et alors, Madame m'a crié dessus. Et c'est comme ça que j'ai été obligée de retourner la tête de ce Valentin. Et maintenant, je suis ici sur la grande chaise en bois.

J'ai croisé mes mains sur mes genoux.

— Fini !

Le directeur a posé sa tête sur son bureau.

Je l'ai regardé un peu par-dessous.

— Vous vous faites tout petit ? lui ai-je demandé à voix basse.

Il s'est redressé. Et il a appelé ma maman au téléphone.

Ces deux-là se parlent très souvent au téléphone !

Cette fois, ils ont parlé de la fête d'anniversaire et de pourquoi je n'étais pas invitée.

Après avoir raccroché, le directeur m'a regardée assez gentiment.

— Je sais que nous, les adultes, croyons trop souvent être les seuls à avoir des problèmes. On oublie vite que, pour les enfants aussi, la vie est parfois difficile ! N'est-ce pas, Suzie-B. ?

— Oui, lui ai-je répondu. La vie peut nous faire monter sur notre grand cheval !

Après ça, lui et moi, on est sortis de son bureau. Et il m'a encore fait asseoir dans la chaise bleue.

— Je veux que tu m'attendes ici une minute, a-t-il dit. Je dois parler à quelqu'un pour régler cette histoire.

— Oui... mais... devinez quoi ? Je ne veux vraiment pas m'asseoir dans cette chaise pour les enfants méchants, lui ai-je expliqué. Parce que je ne suis même pas méchante, moi !

Le directeur a réfléchi et réfléchi encore. Puis il a claqué des doigts.

— Je crois que j'ai trouvé la solution ! s'est-il écrié.

Il est retourné dans son bureau et il est revenu avec un grand sac en papier.

— Que penserais-tu de te cacher là-dessous ? m'a-t-il demandé. Personne ne pourra te voir...

Je me suis mise à sauter sur place, tellement j'étais contente. Parce que me cacher, c'est ce que je préfère au monde ! C'est pour ça !

Le directeur m'a fait asseoir sur la chaise.

Et il a mis le grand sac sur ma tête.

— Eh ! Qui a éteint la lumière ? ai-je crié.

Puis j'ai rigolé. Parce que c'était très drôle comme blague.

J'ai replié mes genoux et je les ai mis sous le sac. Et puis, je les ai serrés très fort contre moi.

— Maintenant, tout ce qui dépasse, c'est le bout de mes chaussures ! ai-je dit, toute contente. C'est l'idée la plus chouette que j'aie jamais vue ! Comment vous avez pu avoir une idée comme ça, monsieur le directeur ?

Mais le directeur ne m'a même pas répondu. Parce qu'il devait déjà être reparti dans son bureau.

Après ça, je suis restée cachée longtemps sous le sac. Très longtemps.

Ça a duré mille millions de milliards d'années, je pense.

— Devinez quoi ? ai-je demandé à la secrétaire de dessous mon sac. Ça dure plus longtemps qu'une minute !

La secrétaire ne m'a pas répondu.

— Oui… et devinez quoi d'autre ? ai-je ajouté. Mes genoux sont tout serrés, tout écrabouillés là-dedans ! Et ça, c'est pas bon pour la circulation du sang !

Juste à ce moment-là, mes jambes se sont mises à se tortiller dans tous les sens. C'est parce que je commençais à avoir des fourmis, c'est pour ça !

— Eh ! Personne n'a d'oreilles ici ou quoi ? ai-je crié. Sortez-moi de là tout de suite ! Parce que je n'en peux plus, moi ! ET JE COMMENCE À AVOIR DES FOURMIS…

Mais tout d'un coup, quelqu'un a soulevé le sac en papier. C'était la secrétaire qui donne la trouille.

— … partout… ai-je chuchoté.

La secrétaire m'a ramenée dans le bureau du directeur.

Et devinez quoi ?

Ce Valentin que je déteste était là !

Il était assis dans la grande chaise en bois !

Et le directeur le regardait en fronçant les sourcils !

— Suzie-B., notre ami Valentin a quelque chose à te dire, m'a annoncé le directeur. N'est-ce pas, Valentin ?

Cet idiot de Valentin ne lui a pas répondu. Il a continué à contempler ses chaussures.

Le directeur a tapoté son bureau avec ses doigts.

— Nous t'attendons, Valentin…

Puis ce Valentin a soupiré avec un air pas content. Et il a dit les mots : *Je suis désolé.*

Le directeur a levé les sourcils.

— Désolé de quoi, Valentin ?

a continué le directeur. Dis à Suzie-B. de quoi tu es désolé…

Ce Valentin a contemplé encore mieux ses chaussures.

— Je suis… désolé… de ne pas l'avoir invitée… à… à ma fête… a-t-il grogné.

— Mais ta maman t'avait demandé de le faire, a ajouté le directeur. N'est-ce pas ? Ta maman t'avait donné une invitation pour chaque enfant de ta classe, non ? Mais tu t'es disputé avec Suzie-B. et tu as décidé de ne pas lui donner son invitation, n'est-ce pas ?

Cette andouille de Valentin a haussé les épaules.

— Je crois… a-t-il chuchoté.

Le directeur a croisé les bras.

— Et que comptes-tu faire pour arranger ça ? lui a-t-il demandé.

Ce Valentin-là a attendu et attendu.

Puis, tout d'un coup, il est descendu de sa chaise.

Et il m'a tendu une carte d'invitation.

Mon estomac a fait un bond dans mon ventre.

— C'est pour moi ? ai-je crié. Vrai de vrai ? C'est pour moi ?

Puis j'ai pris la carte. Et je me suis mise à courir partout.

— Cool ! C'est vraiment pour moi ! Et maintenant je ne suis plus la seule personne pas invitée de la classe numéro neuf !

Je me suis mise à courir autour de la chaise en bois.

Le directeur m'a regardée d'un air un peu énervé.

Il s'est levé très vite et il a ouvert la porte de son bureau.

Alors, j'ai couru dehors !

Et je n'ai pas arrêté de courir jusqu'à ma classe numéro neuf !

# 8

## Me gâcher mon samedi !

Samedi matin, ma maman m'a réveillée.

— Nous devons aller chercher un cadeau pour Valentin ! m'a-t-elle dit.

J'ai bâillé.

— Oui… mais moi, je ne l'aime pas, ce garçon-là… Alors, tu peux y aller toute seule, je trouverai très bien ce que tu achèteras ! Je te fais confiance !

Et j'ai remonté mon drap sur ma tête.

Maman l'a enlevé d'un coup.

Puis elle m'a habillée.

Elle m'a donné une banane pour mon petit déjeuner.

Et elle m'a emmenée au magasin avec elle.

Elle m'a tenu la main bien serrée et elle m'a tirée derrière elle.

— Comme nous ne savons pas ce qu'il a déjà, trouvons-lui quelque chose d'original ! a-t-elle proposé.

— Tiens ! Un paquet de lardons ! Ça, c'est original !

Maman a eu l'air dégoûté.

Elle m'a traînée dans le magasin.

Et nous sommes passées devant tous les trucs pour la salle de bains.

Je lui ai montré quelque chose du doigt.

— Ça ! Prenons-lui ça ! ai-je crié. C'est vraiment original !

Les joues de maman se sont creusées d'un coup.

— Enfin, Suzie-B. ! s'est-elle exclamée. On ne va pas lui offrir une brosse pour nettoyer les cabinets !

Elle m'a fait passer devant les articles pour les animaux.

— Ça ! Prenons-lui ça ! C'est vraiment très original !

Mais maman m'a répondu :

— Non, non, non ! Pas de laisse !

Juste après, elle m'a tirée devant les outils.

C'est là que mes yeux sont presque sortis de ma tête !

— ÇA ! PRENONS-LUI ÇA ! Regarde, maman ! Regarde ! J'adoooore ce truc !

Et j'ai couru à toute vitesse.

— C'est une ceinture à outils ! Tu vois ? Comme celle de papy Jean ! Exprès pour les enfants ! C'est trop chouette ! Regarde, maman !

Maman a attrapé la ceinture dans le rayon.

— Regarde ! ai-je braillé. Il y a un marteau ! Un tournevis ! Une pince ! Une lampe-torche ! Et il y a même un petit sac de clous !

J'ai sauté en l'air.

— Est-ce que je peux l'essayer, maman ? Allez, maman… Dis oui ! Dis oui !

Elle a dit non avec sa tête.

— Nous ne faisons pas des achats pour toi aujourd'hui, Suzie-B., nous cherchons un cadeau pour Valentin ! Tu t'en souviens ?

— Je sais… Je le sais bien que nous faisons les courses pour ce Valentin-là ! lui ai-je répondu. Mais ça… ça irait bien pour son anniversaire !

D'abord, je dois l'essayer pour savoir si ça me va ! Parce que Valentin et moi, on fait la même taille, je parie !

Et, à la fin, maman m'a accroché la ceinture autour de la taille.

— Oooooh ! Ça se ferme avec un super scratch ! ai-je dit. J'adooore ! On peut l'acheter, dis ? On peut ? On l'emporte dans ma maison à moi ?

Maman a réfléchi et encore réfléchi.

— Je ne sais pas, Suzie-B. Quelque chose me dit que ce n'est peut-être pas une bonne idée… J'ai… peur que tu ne veuilles la garder pour toi !

— Nooon ! Mais nooon ! Jamais je ne voudrai la garder ! Promis, juré, craché ! Je ne le ferai pas ! Promis de promis !

Alors, maman a cédé. Et elle a acheté la super géniale ceinture à outils !

En voiture, je l'ai gardée sur mes genoux pendant tout le trajet.

Ensuite, j'ai couru jusqu'à la maison. Et j'ai foncé dans ma chambre. Et j'ai encore accroché cette ceinture trop bien à ma taille.

— Maintenant, je peux faire toutes les bricoles que je veux ! ai-je dit, toute contente.

J'ai sorti en premier le marteau et j'ai tapé sur mon mur.

Puis j'ai vissé une vis avec le tournevis.

Et aussi, avec la pince, j'ai enlevé le nez de mon nounours. Mais ce

n'est pas vraiment ça que je voulais faire.

J'ai un peu tapé sur sa tête et je lui ai dit :

— Respire avec ta bouche !

Juste après, la voix de maman m'a appelée :

— Susiiiie-B. ! C'est l'heure du bain !

J'ai froncé les sourcils. Parce que maman disait un peu n'importe quoi, je pense.

— Mais non ! ai-je crié à maman. Aujourd'hui, on est samedi ! Et le samedi, c'est mon jour sale !

Maman est entrée tout de suite dans ma chambre.

— Je sais que nous sommes samedi, Suzie-B., m'a-t-elle dit. Mais tu vas à un anniversaire et, dans ce cas-là, on prend un bain, on se lave les cheveux et on les coiffe joliment !

J'ai reculé d'un pas.

— Non ! Personne ne m'a jamais dit ça avant ! Et c'est… n'importe quoi ! Moi, je déteste ce garçon-là, alors pourquoi je devrais me laver pour lui ?

Maman a examiné son collier.

— Quand tu vas à une fête, tu prends un bain ! a-t-elle répété. Un point, c'est tout ! Fin de la discussion !

Puis elle est sortie de ma chambre. Et elle est partie remplir la baignoire.

Je me suis assise sur mon lit, pas très contente.

— Zut de zut ! ai-je rouspété. Ce Valentin est en train de me gâcher tout mon samedi !

Maman m'a appelée très, très fort :

— Suzie-B. ! Apporte-moi la ceinture à outils ! Je veux faire le paquet cadeau !

— Zut de zut ! ai-je répété.

Parce que je n'avais pas envie du tout de la donner à Valentin.

J'ai regardé la ceinture.

J'ai touché tous les chouettes outils.

— J'adooore ce truc trop joli, ai-je dit, vraiment triste.

— J'attends ! a crié maman.

Mais je n'ai pas apporté la ceinture quand même.

Juste à ce moment-là, j'ai entendu que l'eau s'arrêtait de couler.

Mon cœur s'est mis à battre très fort dans ma poitrine.

— Oh nooon ! me suis-je dit. Elle va venir ! Elle va entrer dans ma chambre ! Et elle va me prendre ma géniale ceinture ! Et elle va la mettre dans un paquet pour cet imbécile de Valentin !

J'ai sauté de mon lit et j'ai couru partout dans ma chambre.

— Je dois la cacher ! Je dois la cacher !

J'ai continué à courir dans tous les sens.

— Zuuuut ! Il n'y a que des cachettes nulles dans cette chambre !

— SUZIE-B. ! a encore crié maman.

J'entendais ses pieds.

Ils venaient pour moi, je pense.

— Oh noooooon ! OH NON !

Puis, d'un seul coup, j'ai vite pris ma belle ceinture à outils et j'ai couru à ma porte.

J'ai fermé ma porte !

Et je l'ai clouée avec mon super marteau !!!

# 9

## La seule de la classe numéro neuf !

Maman est arrivée au pas de course.

Même avec mes clous, elle a réussi à ouvrir la porte de ma chambre !

— Suzie-B. Joly ! a-t-elle crié. Au nom du ciel ! Qu'est-ce que tu fabriques encore ?

Elle a regardé ma porte.

Ses yeux sont devenus énormes.

— Tu l'as clouée ! a-t-elle crié. Tu as planté des clous ?! Dans ta porte ?

Juste à ce moment-là, papa est entré aussi.

— Au nom du ciel, où as-tu trouvé ce marteau ? a-t-il grondé.

— Dis-lui, Suzie-B. ! m'a ordonné maman. Dis à ton père où tu as trouvé ce marteau !

J'ai montré maman du doigt.

— C'est elle qui me l'a donné ! ai-je répondu.

Maman est devenue rouge de colère.

— Non ! Je ne t'ai pas donné ce marteau, Suzie-B. ! a-t-elle hurlé. Il était pour Valentin ! Et tu le sais très bien !

Alors, maman me l'a pris. Et elle s'est assise sur mon lit. Et elle a grogné des mots très énervés.

Ils disaient... *qu'on ne peut pas me faire confiance pour avoir un vrai marteau... qu'on ne peut pas me faire confiance pour avoir une ceinture à outils... et que jamais je n'aurai le droit d'avoir des clous avant d'avoir grandi et d'avoir mon propre appartement...*

Papa marchait de long en large devant moi.

— Pourquoi, Suzie-B. ? Pourquoi as-tu fait une chose pareille ? Pourquoi as-tu cloué ta porte ?

J'ai commencé à pleurer un petit peu.

— Parce que…

— Parce que quoi ? a-t-il grommelé.

— Parce que j'avais de l'énervement à l'intérieur de moi ! ai-je répondu. Parce que cet anniversaire est en train de gâcher tout mon samedi ! Parce que j'ai été obligée d'aller au magasin. Parce que maman a dit que j'allais prendre un bain et me laver les cheveux. Seulement, je le déteste, moi, cet idiot de Valentin ! Et pourquoi je devrais me laver à cause de lui et lui donner cette ceinture à outils trop géniale ? Pourquoi ?

Maman a soupiré très fort.

— C'était ta décision, Suzie-B. ! C'est toi qui as voulu aller à cette fête ! Personne n'a décidé à ta place !

J'ai essuyé mon nez avec la manche de mon pull.

— Oui… mais si je n'y vais pas, moi, à cette fête, je serai la seule de ma classe numéro neuf. Et ça, c'est l'histoire la plus triste que j'aie jamais entendue !

Papa s'est assis à côté de moi.

— Pourquoi ? Pourquoi est-ce triste de passer ton samedi en faisant ce que

tu as envie de faire ? Pourquoi est-ce triste de passer la journée à t'amuser au lieu de la gâcher avec un garçon que tu n'aimes pas ?

Maman s'est assise aussi.

— Je ne trouve pas cela triste, a-t-elle dit. Au contraire !

— Non, pas au contraire ! ai-je répondu, très fâchée. Pourquoi ça serait bien d'être *la seule* ?

Papa a haussé les épaules.

— Pour de nombreuses raisons, a-t-il expliqué. Comme… tu serais *la seule* à ne pas être obligée de prendre un bain ! Tu as pensé à ça ?

— Et tu serais *la seule* à ne pas être obligée de te laver les cheveux, a ajouté maman.

— *ET*... tu serais *la seule* de toute la classe numéro neuf à ne pas être obligée de donner un cadeau à Valentin ! Que penses-tu de *ça* ? Hein ?

Je me suis redressée un petit peu.

Parce que *ça, ça* me plaisait bien...

Maman m'a décoiffée avec sa main.

— Et à propos de papy Jean ? m'a-t-elle dit. Tu te rappelles qu'il t'a invitée chez lui aujourd'hui ?

Juste à ce moment-là, ma bouche s'est ouverte toute grande.

Parce que ça, je l'avais oublié !

— Les cabinets ! Papy Jean et moi, on a dit qu'on allait les réparer ! Et même toucher la grosse boule de la chasse d'eau !

Maman a fait une drôle de grimace.

— Formidable… a-t-elle dit.

— Je le sais, que c'est formidable ! ai-je répondu. Et je dois y aller tout de suite ! Sinon, c'est mamy Louise qui va toucher la grosse boule et même pas moi !

Alors, maman m'a regardée d'un air bizarre.

Et papa est allé chercher les clefs de sa voiture.

Maman et papa m'ont emmenée au magasin.

Ils m'ont obligée à rendre la ceinture à outils au monsieur !

— Voilà, lui ai-je dit. On ne peut pas me faire confiance pour cette chose trop géniale !

Le monsieur m'a souri d'un air un peu embêté.

— Désolé, jeune fille, m'a-t-il dit.

— Ce n'est pas grave, lui ai-je répondu. Parce que vos clous ne marchent vraiment pas très bien !

Il m'a rendu mes sous.

— Peut-être que… quand tu seras plus grande… a-t-il ajouté.

— Peut-être… Et peut-être même que je pourrai acheter une brosse à cabinets !

Après ça, je suis allée chez papy Jean.

Il travaillait dans son jardin.

J'ai foncé vers lui.

— Papy Jean ! Hé ! Papy Jean ! Est-ce que tu les as déjà réparés ?

Est-ce que tu as déjà réparé les cabinets ?

Il m'a soulevée et il m'a fait tourner en l'air.

— Pas encore ! m'a-t-il répondu. Je t'attendais, Suzie-B. !

Lui et moi, nous nous sommes dépêchés d'aller prendre ses outils et nous avons couru à l'étage.

Puis nous avons enlevé le couvercle de la chasse d'eau.

Alors j'ai fait partir toute l'eau qui était dedans.

Et j'ai touché la grosse boule !

— C'est drôle, hein, papy Jean ? C'est le plus chouette moment de toute notre vie, hein ?

— Bien sûr ! Bien sûr que oui ! a approuvé papy Jean.

J'ai rigolé beaucoup. Parce que j'étais vraiment contente.

— Eh ! Papy ? Devine quoi ? Je suis la seule ! lui ai-je crié.

Il m'a regardée d'un air étonné.

— Je suis *la seule* de toute ma classe numéro neuf en train de réparer des cabinets !

Puis papy Jean a ri aussi.

— Toi, tu es vraiment quelqu'un ! m'a-t-il dit.

— Toi aussi, papy ! Tu es vraiment quelqu'un ! lui ai-je répondu.

Et je l'ai serré très fort dans mes bras.

Et j'ai grimpé sur le couvercle des cabinets pour lui chuchoter un secret à l'oreille.

— Et devine quoi d'autre ? Je voudrais avoir un cheval !

## Dans la même collection

# Suzie la chipie

1. Mon tout premier jour d'école
2. Le drôle de ouistiti
3. La pipelette bavarde
4. L'espionne en cachette
5. La mauvaise perdante
6. L'anniversaire de cet idiot de Valentin

Des livres plein les poches, POCKET jeunesse des histoires plein la tête

**Dans la collection**

# Ballerine

1. Premières leçons
2. Lucie, petit rat
3. Une ennemie pour Lucie
4. Faux pas
5. Une nouvelle épreuve
6. Une amie de plus
7. Courage, Emma !
8. Haut les cœurs !
9. Lucie a des soucis
10. Comme dans un rêve
11. Trop curieuses !
12. Le spectacle de Lucie

**Dans la collection**

# LES AVENTURES DE JACKIE CHAN

1. Le bouclier antique
2. Les pouvoirs magiques de Jade
3. Le masque d'El Toro
4. Pas vu, pas pris
5. Projection astrale
6. La carapace de tortue
7. Le pouvoir du dragon
8. Le pouvoir du rat
9. Dur comme la pierre
10. Le Tigre Noir
11. Le singe de Jade

Composition : Francisco *Compo*
61290 Longny-au-Perche

*Impression réalisée sur Presse Offset par*

BRODARD & TAUPIN

GROUPE CPI

La Flèche (Sarthe), le 22-09-2004
N° d'impression : 24296

Dépôt légal : octobre 2004

*Imprimé en France*

POCKET *jeunesse*

12, avenue d'Italie • 75627 PARIS Cedex 13

Tél. : 01.44.16.05.00